USAMOS DINERO
EN EL PUESTO DE LIMONADA

Please visit our web site at: www.garethstevens.com
For a free color catalog describing our list of high-quality books,
call 1-800-542-2595 (USA) or 1-800-387-3178 (Canada).

Library of Congress Cataloging-in-Publication Data available upon request from publisher.

ISBN-13: 978-0-8368-8490-6 (lib. bdg.)
ISBN-10: 0-8368-8490-6 (lib. bdg.)
ISBN-13: 978-0-8368-8499-9 (softcover)
ISBN-10: 0-8368-8499-X (softcover)

This edition first published in 2008 by
Weekly Reader® Books
An imprint of Gareth Stevens Publishing
1 Reader's Digest Road
Pleasantville, NY 10570-7000 USA

Copyright © 2008 by Gareth Stevens, Inc.

Managing editor: Dorothy L. Gibbs
Art direction: Tammy West

Spanish edition produced by A+ Media, Inc.
Editorial director: Julio Abreu
Chief translator: Luis Albores
Associate editor: Carolyn Schildgen
Graphic design: Faith Weeks

Photo credits: All photographs by Russell Pickering, except p. 8 © H.G. Rossi/Zefa/Corbis;
pp. 10, 12 © Myrleen Ferguson Cate/Photo Edit; p. 13 © Dennis Degnan/Corbis.

Printed in the United States of America

1 2 3 4 5 6 7 8 9 11 10 09 08 07

USAMOS DINERO
EN EL PUESTO DE LIMONADA

por Amy Rauen

Fotografías de Russell Pickering
Consultora de lectura: Susan Nations, M.Ed.,
autora/tutora de alfabetización/consultora de desarrollo de la lectura
Consultora de matemáticas: Rhea Stewart, M.A.,
asesora en contenido matemático

WEEKLY READER®
PUBLISHING

Mi hermano y yo pusimos un puesto de limonada. Está a un lado de nuestra casa.

4

Queremos ganar dinero. Vamos a usar el dinero para comprarle un regalo a nuestra hermana.

Limonada pequeña

25¢

Vamos a vender vasos pequeños y grandes de limonada. El vaso pequeño cuesta 25¢.

Limonada grande

45¢

El vaso grande cuesta 45¢.

Aquí están nuestra mamá y hermana.

Limonada grande

45¢

25¢   35¢   45¢

Mamá compra un vaso grande de limonada.
El vaso grande cuesta 45¢.

Aquí vienen Luis y Roberto. Están con
su papá.

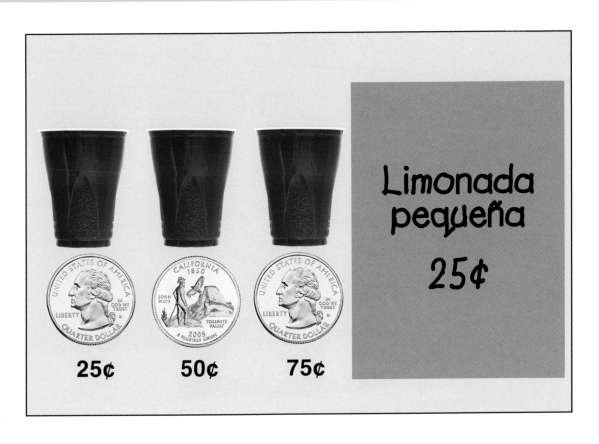

Limonada pequeña

25¢

Compran tres vasos pequeños de limonada.
Cada vaso pequeño cuesta 25¢. Tres vasos
pequeños cuestan 75¢ en total.

Ahora veo a mi maestra y su hijita. También
están aquí el tío Dave y la tía Patty.

12

¡Aquí vienen las gemelas de la casa al lado!
También vemos a nuestras amigas Nicki y
Kendra. ¡Qué fila!

13

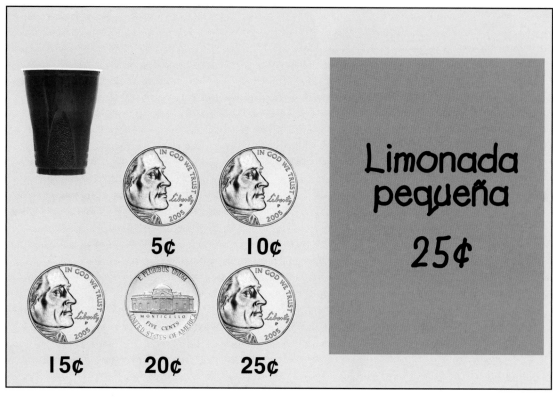

5¢

10¢

Limonada
pequeña

25¢

15¢

20¢

25¢

Mi maestra compra un vaso pequeño de
limonada. El vaso pequeño cuesta 25¢.

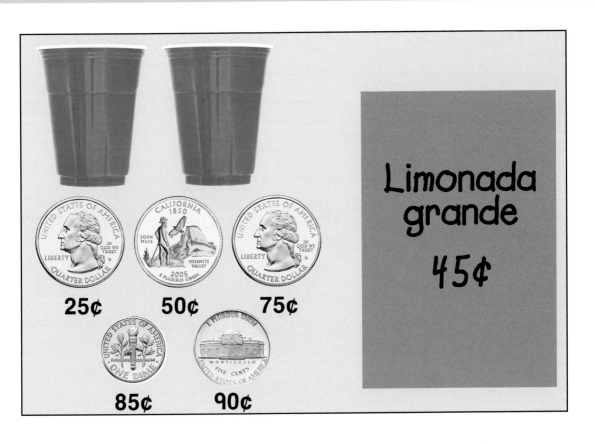

Limonada grande

45¢

25¢ 50¢ 75¢

85¢ 90¢

El tío Dave y la tía Patty compran dos vasos grandes. Cada vaso grande cuesta 45¢. Dos vasos grandes cuestan 90¢ en total.

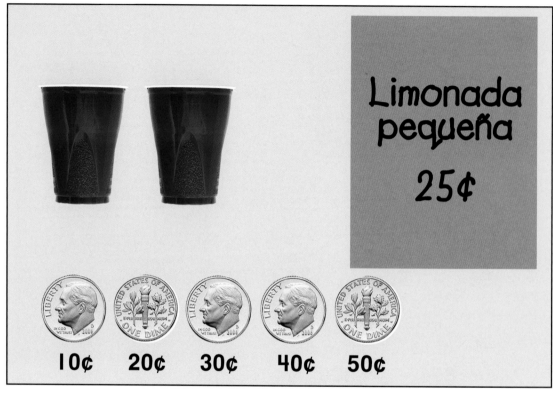

Limonada pequeña

25¢

10¢   20¢   30¢   40¢   50¢

Las gemelas compran dos vasos pequeños.
Cada vaso pequeño cuesta 25¢. Dos
vasos pequeños cuestan 50¢ en total.

Limonada grande 45¢

Limonada pequeña 25¢

25¢   50¢   60¢   65¢

66¢   67¢   68¢   69¢   70¢

Nicki y Kendra compran un vaso grande
y un vaso pequeño. Un vaso grande y un
vaso pequeño cuestan 70¢ en total.

Pronto, es hora de recoger. Papá nos pide que esperemos. Dice que una persona más quiere limonada.

Mi hermano y yo miramos alrededor. No vemos a nadie.

Entonces miramos a papá. Trae monedas.
¡Papá quiere limonada!

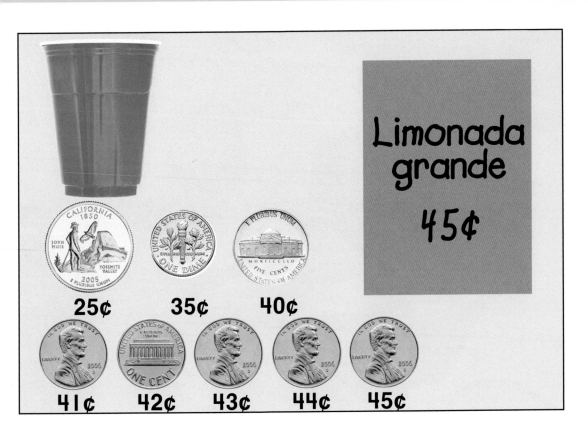

Limonada grande

45¢

25¢   35¢   40¢

41¢   42¢   43¢   44¢   45¢

Papá compra un vaso grande de 45¢. Ya se
nos acabó la limonada.

Mi hermano y yo cerramos nuestro puesto de limonada. Contamos nuestro dinero.

¡Ganamos suficiente dinero para comprarle un regalo a nuestra hermana!

Glosario

limonada – una bebida hecha de jugo de limón y agua

moneda – una pieza especial de metal que se usa como dinero

puesto de limonada – un lugar para comprar limonada

regalo – algo que alguien te da o que tú le das a alguien

Nota acerca de la autora

Amy Rauen es la autora de 13 libros de matemáticas para niños. También diseña y escribe software educativo. Amy vive en San Diego, California con su esposo y dos gatos.